Hippocrene
CHILDREN'S ILLUSTRATED SCOTTISH GAELIC DICTIONARY

ENGLISH - SCOTTISH GAELIC
SCOTTISH GAELIC - ENGLISH

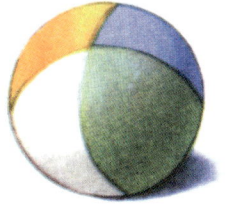

Compiled by the Editors of Hippocrene Books

Translation and pronunciation: Dr. James MacDonald

Interior illustrations by S. Grant (24, 81, 88); J. Gress (page 10, 21, 24, 37, 46, 54, 59, 65, 72, 75, 77); K. Migliorelli (page 13, 14, 18, 19, 20, 21, 22, 25, 31, 32, 37, 39, 40, 46, 47, 66, 71, 75, 76, 82, 86, 87); B. Swidzinska (page 9, 11, 12, 13, 14, 16, 23, 27, 28, 30, 32, 33, 35, 37, 38, 41, 42, 45, 46, 47, 48, 49, 50, 52, 53, 56, 57, 58, 59, 60, 61, 62, 63, 66, 68, 69, 70, 71, 72, 73, 75, 77, 78, 79, 83), N. Zhukov (page 8, 13, 14, 17, 18, 23, 27, 29, 33, 34, 39, 40, 41, 52, 64, 65, 71, 72, 73, 78, 84, 86, 88).

Design, prepress, and production: Graafiset International, Inc.

Copyright © 1999 by Hippocrene Books, Inc.

All rights reserved.

Cataloging-in-Publication Data available from the Library of Congress.

ISBN 0-7818-0721-2

Printed in Hong Kong.

For information, address:
Hippocrene Books, Inc.
171 Madison Avenue
New York, NY 10016

INTRODUCTION

With their absorbent minds, infinite curiosities and excellent memories, children have enormous capacities to master many languages. All they need is exposure and encouragement.

The easiest way to learn a foreign language is to simulate the same natural method by which a child learns English. The natural technique is built on the concept that language is representational of concrete objects and ideas. The use of pictures and words are the natural way for children to begin to acquire a new language.

The concept of this Illustrated Dictionary is to allow children to build vocabulary and initial competency naturally. Looking at the pictorial content of the Dictionary and saying and matching the words in connection to the drawings gives children the opportunity to discover the foreign language and thus, a new way to communicate.

The drawings in the Dictionary are designed to capture children's imaginations and make the learning process interesting and entertaining, as children return to a word and picture repeatedly until they begin to recognize it.

The beautiful images and clear presentation make this dictionary a wonderful tool for unlocking your child's multilingual potential.

Deborah Dumont, M.A., M.Ed.,
Child Psychologist and Educational Consultant

Scottish Gaelic Pronunciation

All Scottish Gaelic words, with very few exceptions, have the stress on the **first** syllable of the word. The Gaelic alphabet only has 18 letters and does not include the letters j, k, q, v, w, x, y, and z. Therefore, we must rely on combinations of its 18 letters to make many of the same sounds that we have in English.

1. Vowels - In Gaelic, vowels may be short or long. The long vowels have an accent mark above them, for example: à,è,ì,ò,ù. These vowels should be voiced for a longer time. Vowels are either broad or slender. The letters a, o, and u are known as the broad vowels. The letters i and e are known as the slender vowels.

Letter	Pronunciation
a	usually pronounced as in 'cat.' It can sound like *ah* as in 'father.' Sometimes it stands for the *uh* sound of an unstressed vowel, as in 'umbrella.'
à	represented by **aa**. A long *a* sound as in 'calves,' 'hag,' or 'aardvark.'
e	The *e* usually sounds like *eh*, as in 'wet.' It can also sound like the *ay* in 'hay.'
è	long *è*. It can sound like either *ay* as in 'hay,' *eh* as in 'met,' or *ee* as in 'bee.'
i	The *i* usually sounds like the *ee* in 'sleep.' It can also sound like the *i* in 'kid' when it is followed by an *o*.
ì	The long *ì* has an elongated *ee* sound as in the name 'Lee.'
o	The *o* can either sound like the *oh* sound in 'boat' or the *o* in 'lot.' Occasionally it will sound like the *u* in 'nut.'
ò	The *ò* can either make the long *oh* sound in 'status quo' or like the *aw* sound in 'paw.'
u	represented by **oo**. It sounds like the *oo* sound in the word 'tool.'
ù	This is just a longer *u* sound and is like the *oo* in 'raccoon.'

2. Vowel Combinations

Letters	Pronunciation
ao	represented by **oo**. We do not have this sound in English. It sounds like the English *oo* in 'tool,' but is said with the lips straight, not rounded. To say this sound, say '*oo*' and smile at the same time.
aoi	This sounds like the *oy* in 'toy,' but said with unrounded lips (smile to say it right!)
ei	The *ei* combination usually has the sound of the *ay* in 'hay.'
ea	Usually sounds like the *eh* sound in 'met,' but can sound like the *ow* in 'cow'.
eu	In the North (of Scotland), this is usually pronounced *ee-uh* as in the name 'Leah.' In the South, it is usually pronounced *ay* as in '*hay*.'
ai	represented by **ahee**. Sounds like the word 'eye.' The *ai* can also sound like *eh* as in 'trek,' or simply the *a* sound in 'cat.'
ann	Both *ann* and *onn* sound like the English *own* in 'town' and 'clown.'
all	pronounced like the English word 'owl.'

3. Consonants - Most Gaelic consonants are pronounced in a similar manner to English consonants. There are some differences that we should be aware of:

Letter	Pronunciation system used
b	The Gaelic *b* is soft, and sometimes it almost sounds like a *p* in English.
c	The *c* in Gaelic is always hard and is pronounced like a *k* in English.
d	(1) When followed by a broad vowel (*a,o,u*), the *d* has a very dental sound. To say the *d*, place the tongue against the upper teeth like you are getting ready to say an English *th*. Then say the *d* instead.

	(2) When preceded by a broad vowel, the *d* often has the sound of a *t*.
	(3) When followed by a slender vowel (*i* or *e*), *d* has the sound of *j*.
	(4) When *d* is preceded by an *i*, it can sound like a *j*, but it can also sound like the gentle *ch* as in 'itch.'
g	The *g* in Gaelic is a very hard sound. It never has a soft *g* sound as in 'gentle.' When it appears at the end of a word, it sounds like a *k* in English.
l	When followed by a broad vowel, the Gaelic *l* is very thick. To pronounce the thick *l*, touch the end of your tongue to the upper front teeth, and flatten the tongue.
l*	When followed by a slender vowel, the Gaelic *l* sounds like the second *l* in 'million,' for example: mil - l*uhn (million). The slender l is represented by l*.
n	When the *n* follows a *c, g,* or *m,* it sounds like an *r* in some dialects.
s	When followed by a slender vowel, *s* sounds like an English *sh*, as in 'Sean.'
t	When followed by a slender vowel, the *t* has the sound of an English *ch* as in 'Charlie.'

4. Consonant Combinations

Gaelic often uses the letter *h* to change the sound of a consonant:

Letters	Pronunciation
bh	This sounds like the English *v*. Sometimes it is silent in the middle or at the end of a word.
ch	represented by **kh**. When proceeded or followed by a broad vowel (*a, o, u*), it makes the throaty sound of the *ch* as in the name 'Bach' or in the Jewish celebration 'Chanukah.' When proceeded or followed by a slender vowel (*i* or *e*) it sounds like the *h* in the English name 'Hugh.'
chd	represented by **khk**. This sounds like a Gaelic *ch* with an English *k* sound tacked on behind it.
dh	A *dh* followed by a broad vowel requires a deep guttural sound like one makes when gargling. Followed by a slender vowel, it makes the sound of an English *y*, as in 'yellow.' Sometimes the *dh* is silent in the middle or at the end of a word.
fh	When an *f* is followed by an *h*, the sound disappears altogether and it is silent.
gh	The *gh* usually sounds much like the *dh* and behaves the same way with slender and broad vowels. It too can be silent in the middle or the end of a word.
mh	The *mh* sounds like a *v*. Sometimes it is silent in the middle or the end of a word.
ph	A *ph* has an *f* sound like the *ph* in the English 'phone.'
sh	The *sh* sounds like the letter *h* as in 'hat,' when followed by a broad vowel. When followed by a slender vowel, it can sound like either the *h* in 'Henry' or like the *hy* sound in the English name 'Hugh.'
th	A *th* also has the sound of an *h* in English as in 'hat.' Sometimes the *th* is silent. The Gaelic *th* is never given an English *th* sound as in 'there' or 'thistle.'

5. Other Consonant Combinations

In some Gaelic dialects, *sl* sounds like *shl*, *sn* sounds like *shn*, and *st* sounds like *sht* when they precede a slender vowel. *Sr* is sounded like *str* in some areas of Scotland.

Aa

airplane — **pleuna** *playn-uh*

alligator — **crogall** *krock-ul*

alphabet — **aibidil** *ap-itch-ill*

antelope — **bocanach** *bok-an-ahkh*

antlers — **cabair** *kap-ehr*

Aa

apple **ubhal** **aquarium** **uisgeadan**
oo-ul *oosh-geh-dun*

arch **stuagh** **arrow** **saighead**
stoo-ugh *sahee-et*

autumn **foghar**
foh-ur

7

Bb

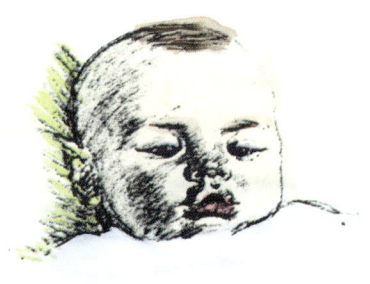

baby   **leanabh**   **backpack**   **poca-droma**
l*en-uv   *pohk-uh droh-ma*

badger   **broc**   **baker**   **fuineadair**
brock   *foon-eh-ter*

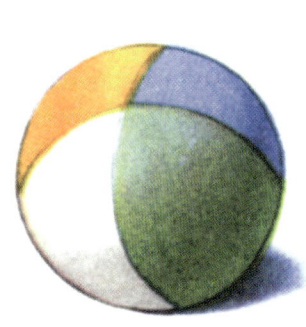

ball   **ball**   **balloon**   **balùn**
bowel   *bal-oon*

Bb

banana   **banana**
buh-nan-uh

barley   **eòrna**
yorn-uh

barrel   **baraille**
bar-ill

basket   **bascaid**
bass-ketch

bat   **ialtag**
ee-al-tack

beach   **tràigh**
traahee

Bb

bear   **mathan**
mah-han

beaver   **bìobhair**
bee-ver

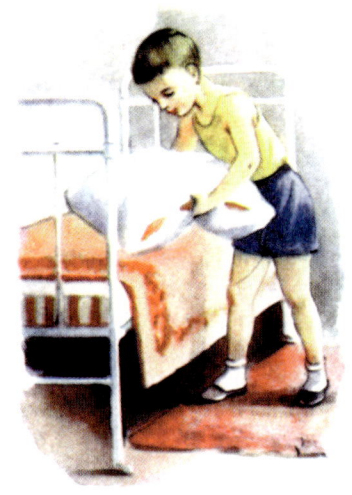

bed   **leabaidh**
l*ep-ee

bee   **seillean**
shay-lan

beetle   **daolag**
d<u>oo</u>-lack

bell   **clag**
klak

Bb

belt crios
kriss

bench being
benk

bicycle rothair
roh-er

binoculars gloineachan-amhairc
gloheen-yeck-an ahv-erk

bird eun
ee-un

birdcage eun-lann
ee-un lown

11

Bb

black **dubh**
doo

blocks **plocain**
plock-en

blossom **blàth**
blaah

blue **gorm**
gor-um

boat **bàta**
baah-tuh

bone **cnàmh**
kraahv

Bb

book   **leabhar**
l*oh-er

boot   **bròg**
brawk

bottle   **botal**
bot-tul

bowl   **bobhla**
bohl-luh

boy   **balach**
bal-ahkh

bracelet   **usgar**
oos-kar

Bb

branch   **geug**
gake

bread   **aran**
ar-an

breakfast   **bracaist**
brack-isht

bridge   **drocaid**
drock-etch

broom   **sguab**
skoo-up

brother   **bràthair**
braah-her

Bb

brown   **donn**
down

brush   **bruis**
broosh

bucket   **bucaid**
buck-etch

bulletin board   **bòrd-sanais**
bohrt san-ish

bumblebee   **seillean mòr**
shay-lan more

butterfly   **dealan-dè**
jal-an jay

Cc

cab   **tagsaidh**   **cabbage**   **càl**
tak-see   *kaahl*

cactus   **cactas**   **café**   **cafaidh**
cak-tus   *kaf-ee*

cake   **cèic**   **camel**   **càmhal**
kake   *kaahv-ul*

camera   **camara**
kam-ar-uh

candle   **coinneal**
kun-yell

candy   **suiteas**
sweet-tes

canoe   **curach Innseanach**
kur-ahkh een-shen-ahkh

cap   **bonaid**
bon-etch

captain   **caiptean**
kap-chen

Cc

car   **càr**
kaahr

card   **cairt**
karsht

carpet   **brat-ùrlair**
brat oor-ler

carrot   **curran**
koor-an

(to) carry   **giùlan**
gyoo-lan

castle   **caisteal**
kash-chall

Cc

cat **cat** **cave** **uamh**
kat *oo-ahv*

chair **cathair** **cheese** **càise**
kah-her *kaah-shuh*

cherry **siris** **chimney** **similear**
sheer-ish *shim-eh-ler*

Cc

chocolate   **teòclaid**
chok-letch

Christmas tree   **craobh Nollaig**
kroov Nol-ike

circus   **soirceas**
sor-kes

(to) climb   **streap**
strep

cloud   **sgòth**
skoh

clown   **amadan**
ahm-ah-tan

20

Cc

coach   **carbad**
kahr-ah-baht

coat   **còta**
kaw-tuh

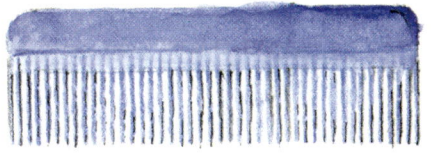

coconut   **cnò-bhainne**
kroh van-yuh

comb   **cìr**
keer

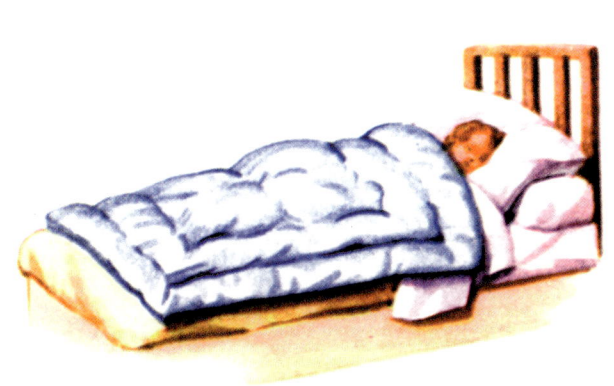

comforter   **cuibhrig**
kooee-rik

compass   **combaist**
kom-pesht

Cc

(to) cook   **bruich**
broo-eekh

cork   **àrc**
aahr-ahk

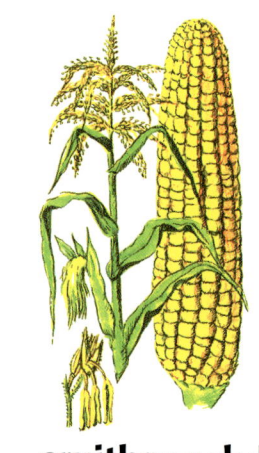

corn   **cruithneachd Innseanach**
kroo-een-yak   een-shen-ahkh

cow   **bò**
boh

cracker   **briosgaid**
briss-ketch

cradle   **creathail**
kreh-hal

(to) crawl   **snàig**
snaahk

(to) cross   **rach tarsainn**
rahkh tarr-sing

crown   **crùn**
kroon

(to) cry   **guil**
gooil

cucumber   **cularan**
kool-ar-un

curtain   **cùirtear**
koorsht-er

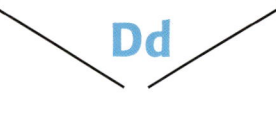

(to) dance   **danns**
downss

dandelion   **beàrnan brìde**
byaar-nan breej-juh

date   **ceann-latha**
kyown laah

deer   **fiadh**
fee-ugh

desert   **fàsach**
faahs-ahkh

desk   **bòrd sgrìobhaidh**
bohrt skree-vee

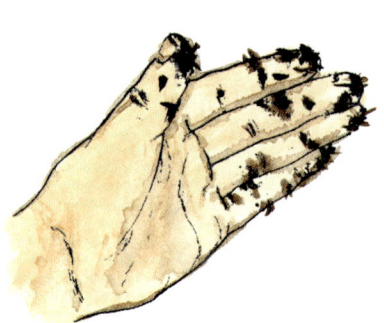

dirty   **salach**
sal-ukh

Dd

dog   **cù**
koo

doghouse   **taigh-coin**   **doll**   **liùdhag**
tahee coh-een   *l*oo-ak*

dollhouse   **taigh-doile**   **dolphin**   **leumadair-mara**
tahee dol-eh   *lame-ah-ter mar-ah*

donkey   **asal**   **dragon**   **dràgon**
as-ul   *draag-un*

Dd

dragonfly **tarbh-nathrach**
tarr-ahv nah-rahkh

(to) draw **tarraing**
tarr-ing

dress **froga**
frock-ah

(to) drink **òl**
ohl

drum **druma**
droom-ah

duck **lach**
lahkh

Ee

eagle	**iolaire** *yool-er-uh*	**(to) eat**	**ith** *eekh*
egg	**ugh** *oo*	**eggplant**	**luibh-uigh** *looeev ooee*
eight	**ochd** *awkhk*	**elbow**	**uilleann** *oo-lin*
elephant			**ailbhean** *el-eh-fen*

Ee

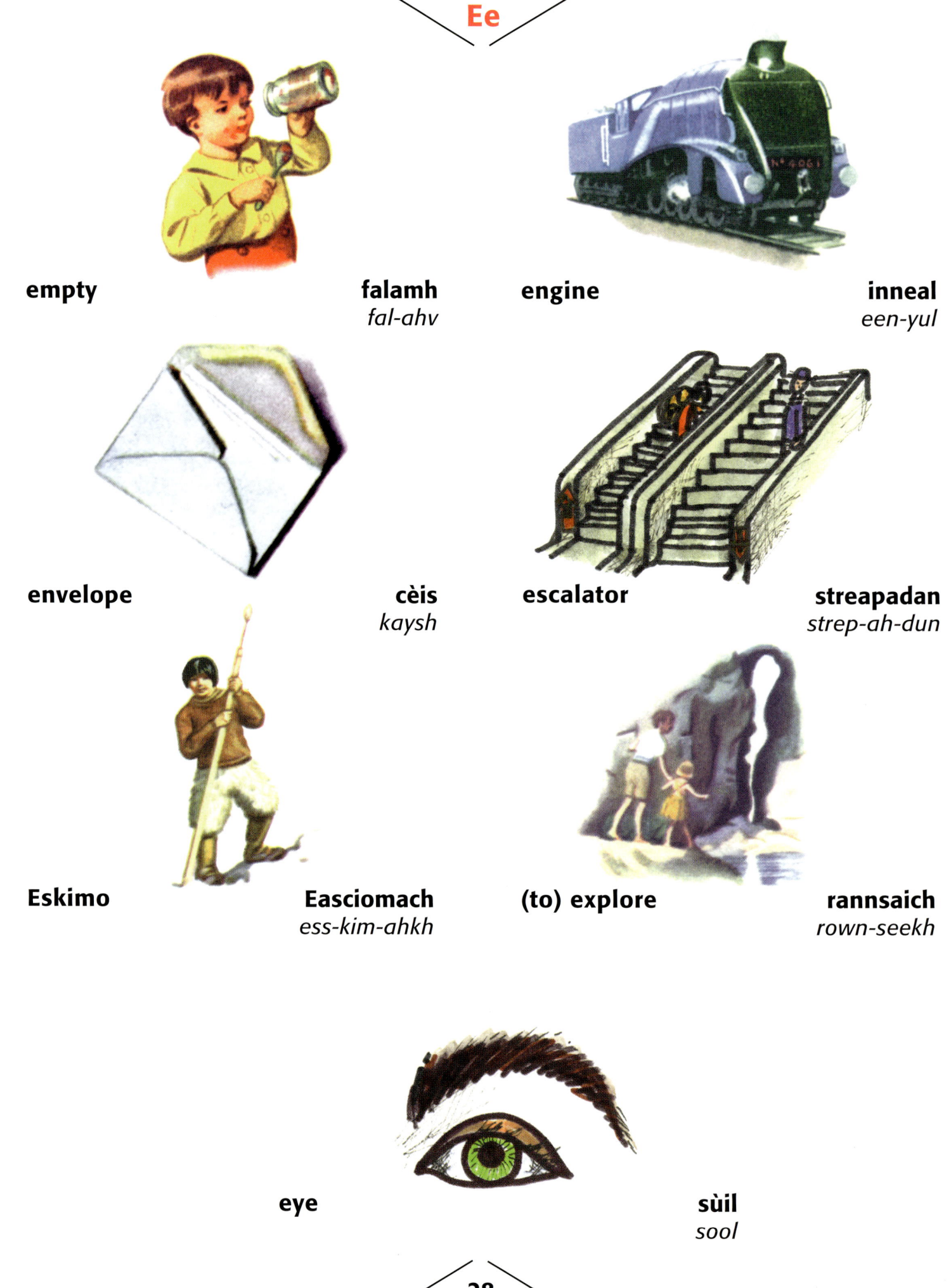

empty	**falamh** *fal-ahv*	engine	**inneal** *een-yul*
envelope	**cèis** *kaysh*	escalator	**streapadan** *strep-ah-dun*
Eskimo	**Easciomach** *ess-kim-ahkh*	(to) explore	**rannsaich** *rown-seekh*

eye **sùil** *sool*

Ff

face   **aghaidh**
ugh-ee

fan   **gaotharan**
g<u>oo</u> -hur-un

father   **athair**
ah-her

fear   **eagal**
ehk-al

feather   **ite**
ee-chuh

(to) feed   **biadh**
bee-ugh

Ff

fence **feansa**
fen-sah

fern **raineach**
ren-yukh

field **achadh**
ahkh-ugh

field mouse **luch-fheòir**
lookh yore

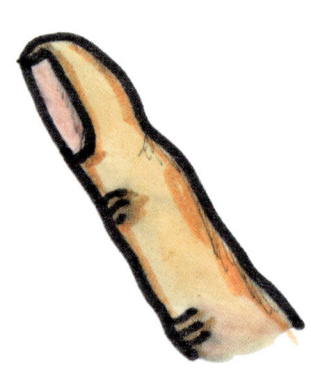

finger **corrag**
kor-ak

fir tree **giuthas**
gyoo-us

Ff

fire   **teine**
chen-uh

fish   **iasg**
ee-ask

(to) fish   **iasgaich**
ee-ass-keekh

fist   **dòrn**
dorn

five   **coig**
koh-eek

flag   **bratach**
brat-tukh

Ff

flashlight   **leus**
l*ee-uss

(to) float   **snàmh**
snaahv

flower   **dìthean**
jee-hen

(to) fly   **itealaich**
eetch-al-eekh

foot   **cas**
kahss

fork   **forca**
fork-uh

fountain   **fuaran**
foo-ar-un

Ff

four   **ceithir**
kay-her

fox   **sionnach**
shoon-ahkh

frame   **cèis**
kaysh

friend   **caraid**
kar-etch

frog   **losgann**
loss-kan

fruit   **meas**
mess

furniture   **àirneis**
aahr-nish

Gg

garden **lios**
l*iss

gate **geata**
gate-uh

(to) gather **tionail**
cheen-el

geranium **righeal-cùil**
ree-al kooil

giraffe **sioraf**
sheer-aff

girl **caileag**
kal-ak

Gg

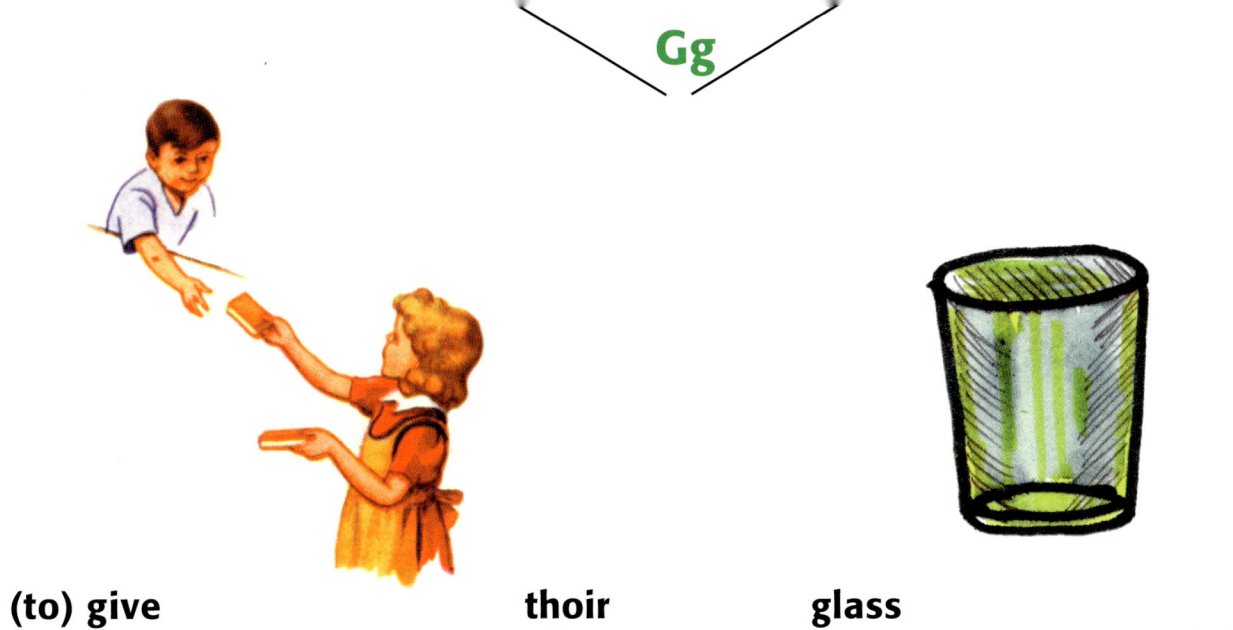

(to) give   **thoir**
hor

glass   **gloine**
gloheen-yeh

glasses   **speuclairean**
spee-uh-kler-en

globe   **cruinne**
krooeen-yeh

glove   **làmhainn**
laah-veen

goat   **gobhar**
goh-ur

Gg

goldfish   **òr-iasg**   **"Good Night"**   **"Oidhche Mhath"**
ore ee-ask   *oy-khyuh vah*

"Good-bye"   **beannachd leibh**   **goose**   **gèadh**
byown-ahkhk leev   *gee-ugh*

grandfather   **seanair**   **grandmother**   **seanmhair**
shen-er   *shen-eh-ver*

Gg

grapes   **fion-dearcan**
fee-un jer-ek-un

grasshopper   **fionnan-feòir**
fyoon-an fyor

green   **uaine**
oo-aheen-yuh

greenhouse   **taigh-gloine**
tahee gloheen-yuh

guitar   **giotàr**
gi-taar

Hh

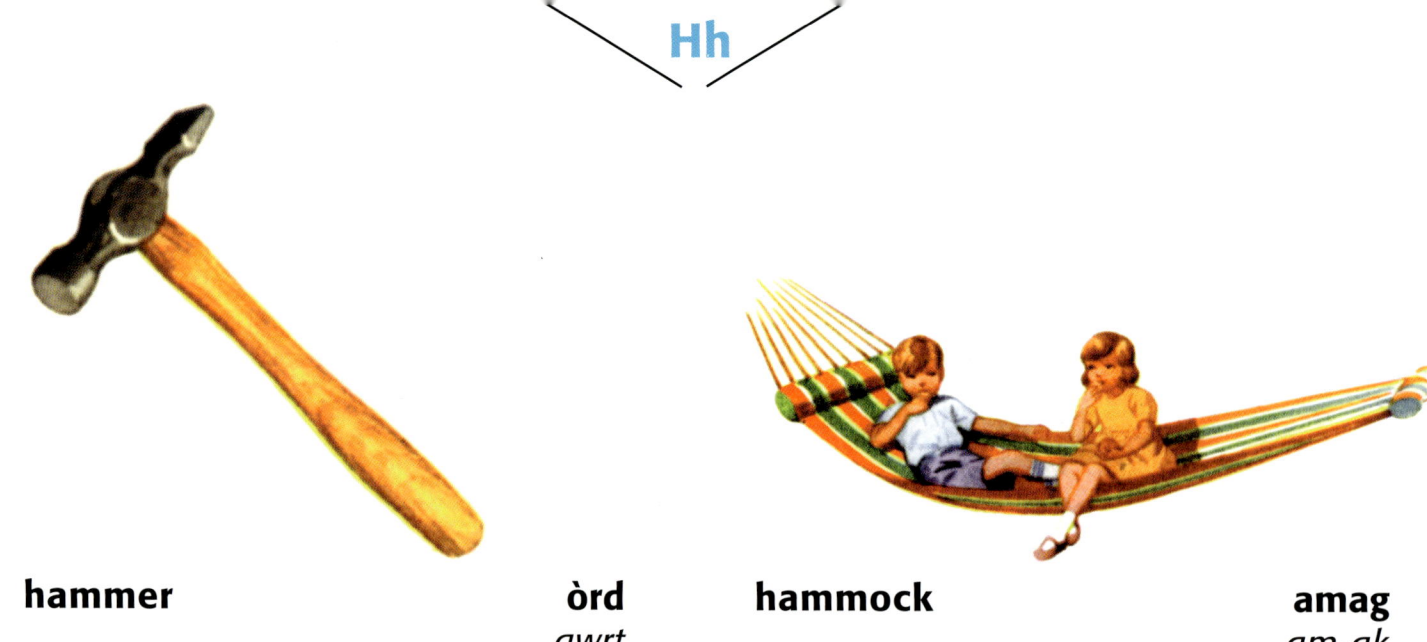

hammer òrd
awrt

hammock amag
am-ak

hamster hamstair
ham-ster

hand làmh
laahv

handbag poca-làimhe
pohk-uh laaheev-eh

handkerchief neapaigear
nep-eh-ger

38

Hh

harvest   **buannachd**
boo-uhn-ahkhk

hat   **ad**
at

hay   **feur**
fee-ur

headdress   **ceann-èideadh**
kyown ay-jug

heart   **cridhe**
kree-uh

hedgehog   **gràineag**
graahn-yeck

Hh

hen **cearc**
kehrk

(to) hide **falaich**
fal-eekh

highway **rathad mòr**
rah-aht more

honey **mil**
meel

horns **adhaircean**
uhr-er-ken

horse **each**
ehkh

Hh

horseshoe   **crudha**
kroo-uh

hourglass   **gloine-ghainmhich**
gloheen-yeh gan-ah-veekh

house   **taigh**
tahee

(to) hug   **cnèadaich**
kree-ah-deekh

hydrant   **haidreant**
hy-drent

Ii

ice cream   **reòiteag**
roh-chak

ice cubes   **cnapan-eighe**
crap-an ay-uh

ice-skating   **spèileadaireachd**
spay-luh-ter-uhkhk

instrument   **inneal ciùil**   **iris**   **seileasdair**
een-yal kyooil   *shay-les-ter*

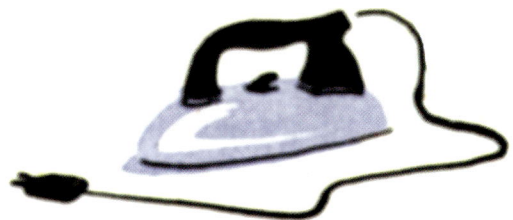
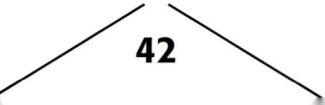

iron   **iarann**   **island**   **eilean**
ee-ar-un   *ay-lan*

Jj

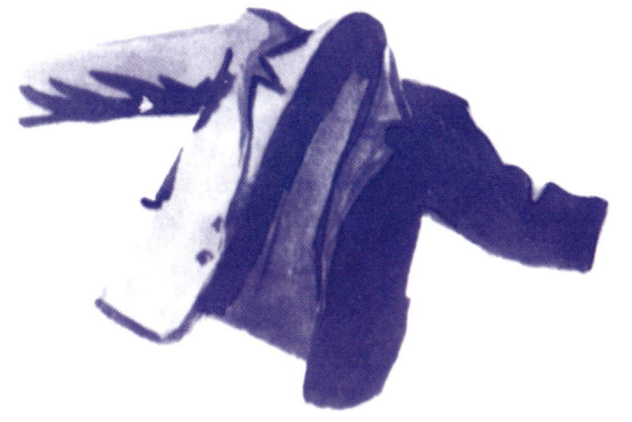

jacket   **seacaid**
shak-etch

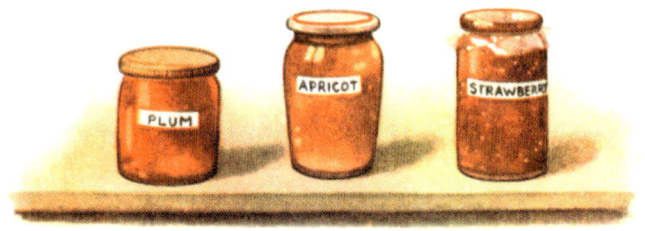

jam   **silidh**
shee-lee

jigsaw puzzle   **mìrean-measgaichte**
meer-an mess-geek-chuh

jockey   **marcaiche**
mar-keekh-eh

juggler   **làmh-cleasaiche**
laahv cles-eekh-eh

(to) jump   **leum**
l*ame

Kk

kangaroo **cangaru**
kan-gah-roo

key **iuchair**
yookh-er

kitten **piseag**
pee-shak

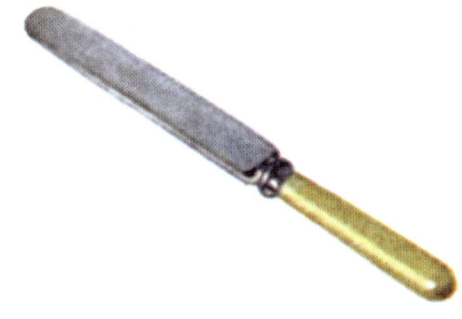

knife **sgian**
skee-un

knight **ridire**
ree-jer-uh

(to) knit **figh**
fee

knot **snaim**
snaheem

koala bear **mathan còala**
mah-han koh-ah-lah

Ll

ladder   **fàradh**
faa-rugh

ladybug   **daolag dhearg bhreac**
d<u>oo</u>-lak yehr-ak vrek

lamb   **uan**
oo-un

lamp   **làmpa**
laamp-uh

(to) lap   **imlich**
im-leekh

laughter   **gàireachdaich**
gaa-rah-kikh

lavender   **lus na tuise**
loos nuh too-sheh

lawn mower   **lomaire-feòir**
lohm-er-uh fyor

leaf   **duilleag**
dool-yak

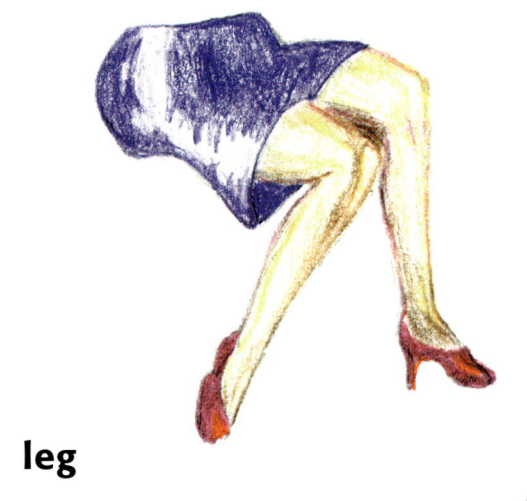

leg   **cas**
kahss

lemon   **liomaid**
l*ih-metch

lettuce   **leiteas**
l*ay-tes

Ll

lightbulb   **bolgan soluis**
bohl-uh-kan so-lish

lighthouse   **taigh soluis**
tahee so-lish

lilac   **liath-chòrcra**
l*ee-uh khor-krah

lion   **leòghann**
l*oh-un

(to) listen   **èisd**
aysht

lobster   **giomach**
gim-ahkh

Ll

lock   **glas**
glass

lovebird   **buidsidh**
booj-she

luggage   **trealaichean**
trell-eekh-en

lumberjack   **coillear**
kul-yer

lunch   **biadh meadhon-latha**
bee-ugh mee-un laah

lynx   **lioncs**
*l*inks*

Mm

magazine	**iris** *eer-ish*	**magician**	**draoidh** *dr<u>oo</u>-ee*
magnet	**clach-iùil** *klahkh yooil*	**map**	**mapa** *map-ah*
maple leaf	**duilleag-mhalpais** *dool-yak val-pesh*	**marketplace**	**margadh** *mar-kugh*

mask   **masg** *mask*

Mm

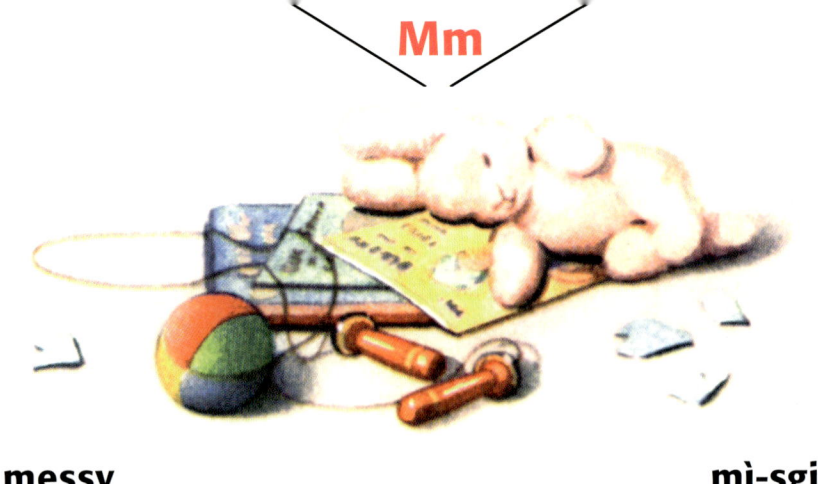

messy   **mì-sgiobalta**
mee skip-ul-tuh

milkman   **fear a' bhainne**   **mirror**   **sgàthan**
fehr uh van-yuh   *skaah-han*

mitten   **miotag**   **money**   **airgead**
mit-ak   *air-uh-ket*

monkey   **muncaidh**   **moon**   **gealach**
moon-key   *gyal-ahkh*

Mm

mother **màthair**
maah-her

mountain **beinn**
bayn

mouse **lùch**
lookh

mouth **beul**
bee-ul

mushroom **balgan-buachair**
bal-ah-kan boo-uh-kher

music **ceòl**
kyohl

Nn

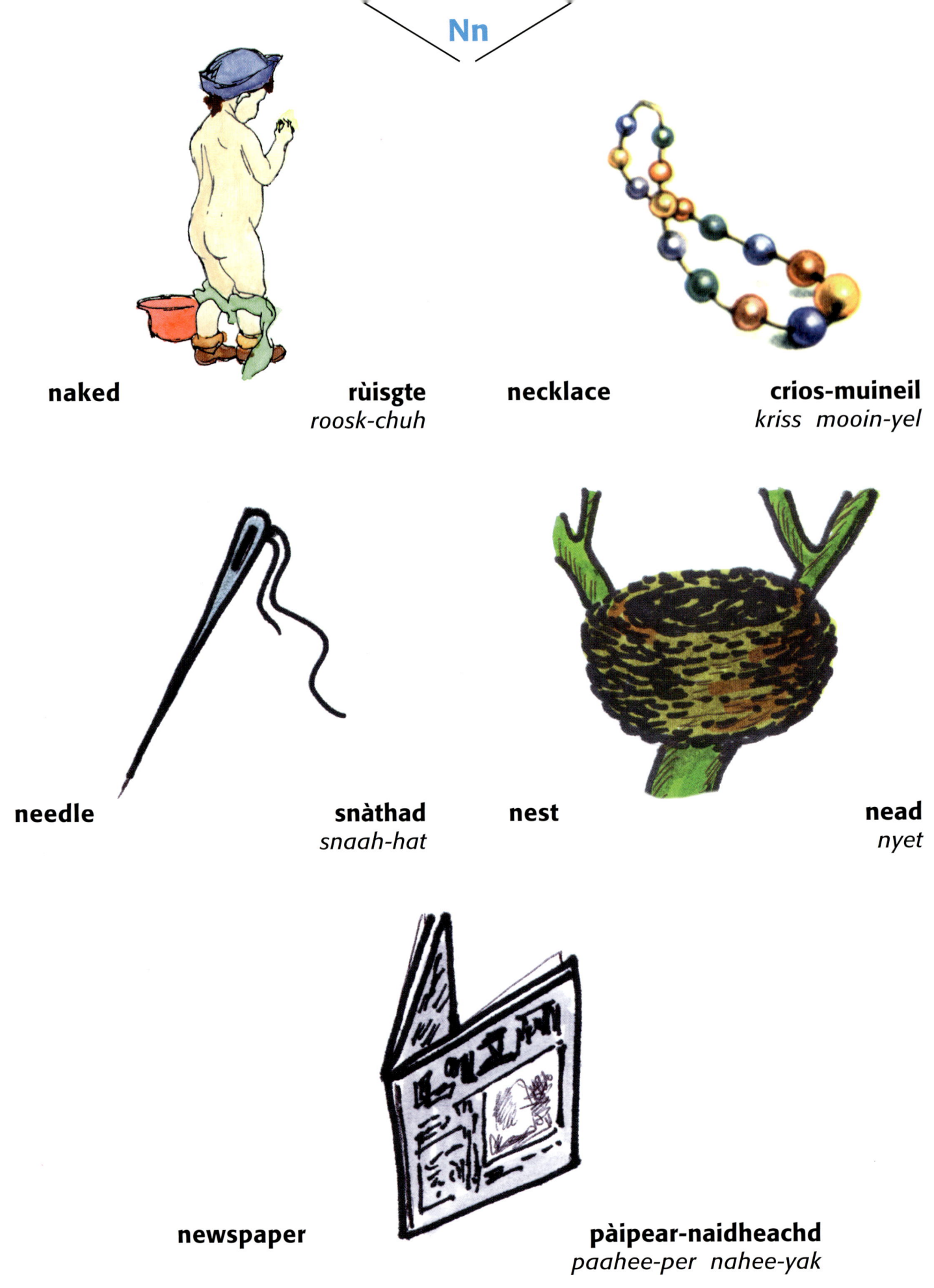

naked   **rùisgte**
roosk-chuh

necklace   **crios-muineil**
kriss mooin-yel

needle   **snàthad**
snaah-hat

nest   **nead**
nyet

newspaper   **pàipear-naidheachd**
paahee-per nahee-yak

Nn

nightingale   **spideag**   **nine**   **naoidh**
spee-jack   *n<u>oo</u>hee*

notebook   **leabhar-sgrìobhaidh**   **number**   **àireamh**
l*oh-er skree-vee   *aar-ehv*

nut   **cnò**
kroh

Oo

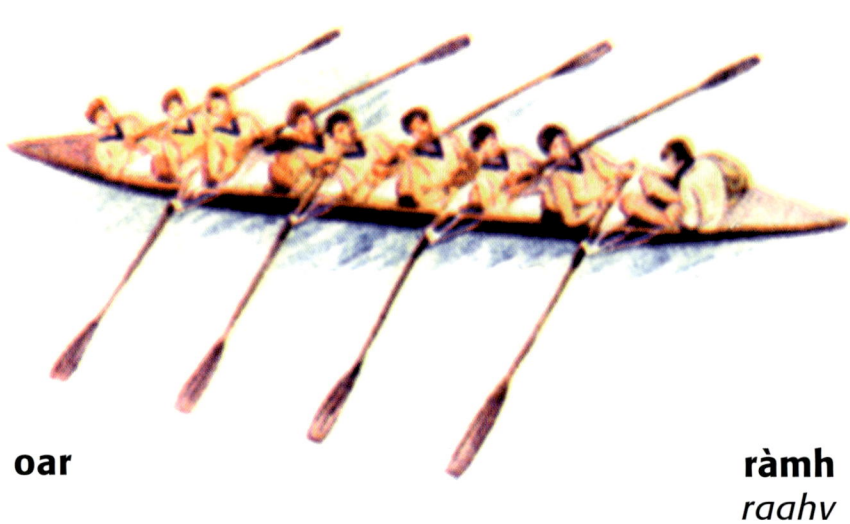

oar   **ràmh**
raahv

ocean liner   **long-fhairge**   **old**   **sean**
long air-ik-uh   *shen*

one   **aon**   **onion**   **uinnean**
<u>*oon*</u>   *oon-yan*

54

Oo

open   **fosgailte**
fos-kul-chuh

orange   **oraindsear**
or-an-sher

ostrich   **struth**
stroo

owl   **cailleach oidhche**
kal-yukh oy-khyuh

ox   **damh**
dahv

Pp

padlock   **glas-chrochaidh**
glass khrockh-ee

paint   **peanta**
pehnt-uh

painter   **peantair**
pehnt-er

pajamas   **aodach-oidhche**
oo-tahkh oy-khyuh

palm tree   **craobh-phailm**
kroov fal-am

paper   **pàipear**
paahee-per

parachute   **paraisiut**
par-ah-shoot

Pp

park — **pàirce** *paahr-keh*

parrot — **pearraid** *pehr-etch*

passport — **cead-siubhail** *ket shoo-ul*

patch — **brèid** *brayj*

path — **slighe** *shlee-uh*

peach — **peitseag** *paych-shak*

pear — **peur** *pair*

pebble **dèideag**
jay-jak

(to) peck **pioc** **(to) peel** **rùisg**
pik *rooshk*

pelican **peileagan** **pencil** **peansail**
pay-lak-an *pen-sal*

penguin **ceann-fionn** **people** **daoine**
kyown fyoon *doon-yuh*

Pp

piano	**piàna** *pee-aan-ah*
pickle	**picil** *pik-il*
pie	**paidh** *pahee*
pig	**muc** *mook*
pigeon	**calman** *kal-ah-man*
pillow	**cluasag** *kloo-ass-ak*
pin	**prìne** *preen-uh*

pine   **giuthas**
gyoo-us

pineapple   **anann**
an-own

pit   **clach**
klahkh

pitcher   **pigidh**
pig-gee

plate   **truinnsear**
troheen-sher

platypus   **platapus**
plat-ah-pus

(to) play   **cluich**
kloo-eekh

plum   **plumais**
plum-esh

polar bear   **mathan bàn**
mah-han baahn

pony   **pònaidh**
poh-nee

pot   **poit**
potch

potato   **buntàta**
boon-taah-tuh

Pp

(to) pour   **dòirt**
doorsht

present   **tiodhlac**
chee-uh-luhk

(to) pull   **tarraing**
tarr-ring

pumpkin   **puimcean**
pum-ken

Qq

puppy   **cuilean**
kool-en

queen   **bànrigh**
bow-ree

Rr

rabbit   **coineanach**
kun-yen-nahkh

raccoon   **racùn**   **racket**   **racaid**
rack-oon   *rack-etch*

radio   **rèidio**   **radish**   **meacan-ruadh**
ray-dee-oh   *meck-an roo-ugh*

raft   **ràth**   **rain**   **uisge**
raah   *oosh-keh*

rainbow   **bogha-frois**
boh-ah frosh

raincoat   **còta-frois**   **raspberry**   **sùbhag-craoibh**
caw-tah frosh   *soo-ak kr<u>oo</u>eev*

(to) read   **leugh**
l*ayv

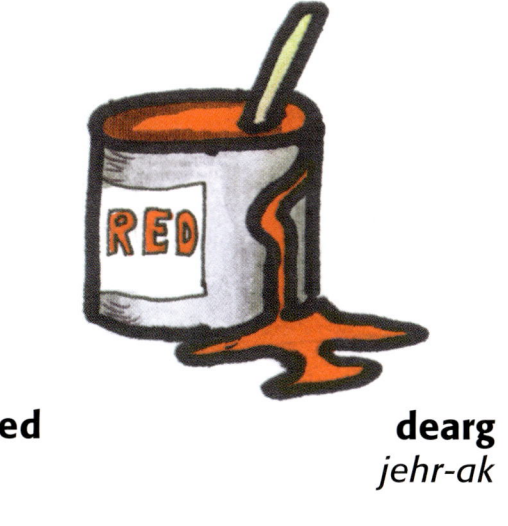   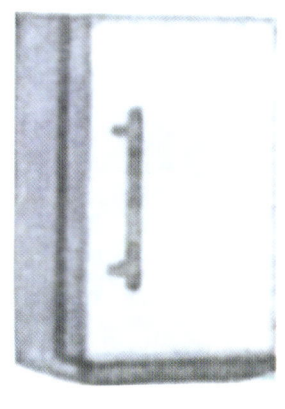

red   **dearg**   **refrigerator**   **fuaradair**
jehr-ak   *foo-ur-ah-ter*

rhinoceros   **sròn-adharcach**   **ring**   **fàinne**
strohn uhr-er-kahkh   *faan-yeh*

Rr

(to) ring — **seirm** *shehr-em*

river — **aibhinn** *ahv-ing*

road — **rathad** *rah-aht*

rocket — **rocaid** *rock-etch*

roof — **mullach** *mool-ahkh*

rooster — **coileach** *kol-yuhkh*

Rr

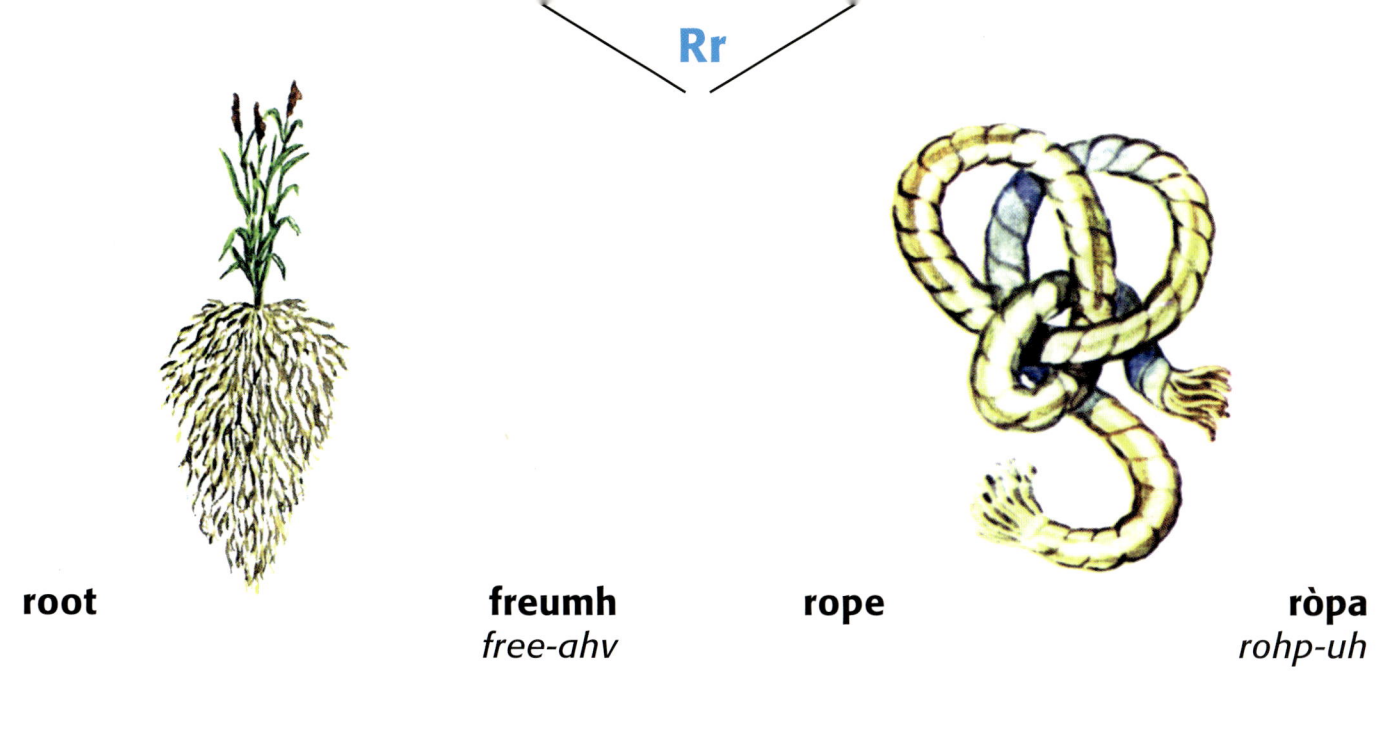

root   **freumh**
free-ahv

rope   **ròpa**
rohp-uh

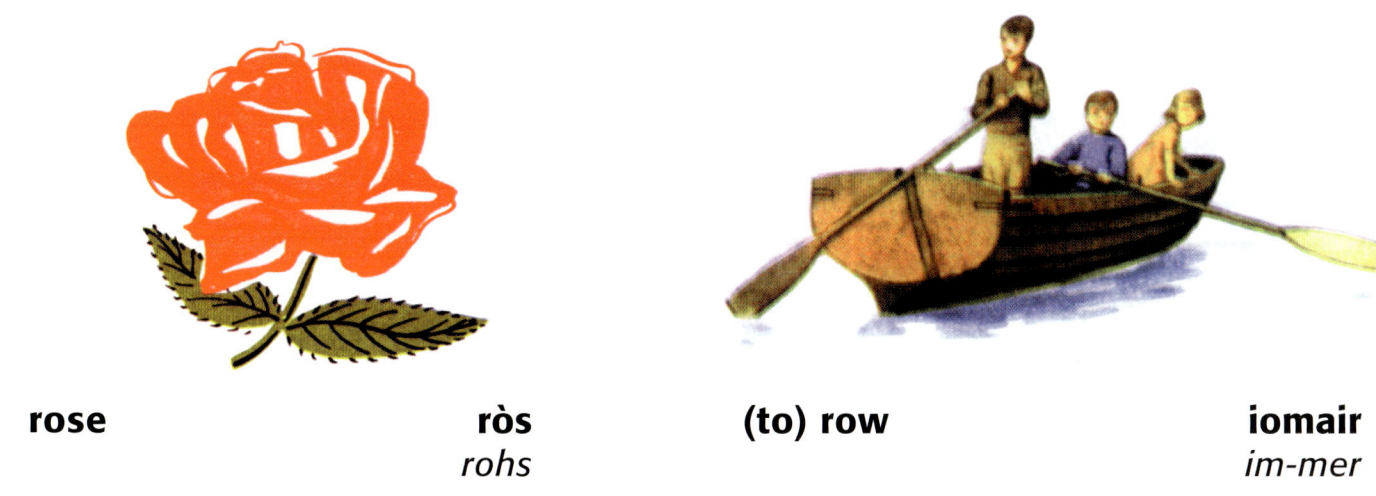

rose   **ròs**
rohs

(to) row   **iomair**
im-mer

ruler   **slat-thomhais**
slaht hoh-esh

(to) run   **ruith**
rooee

Ss

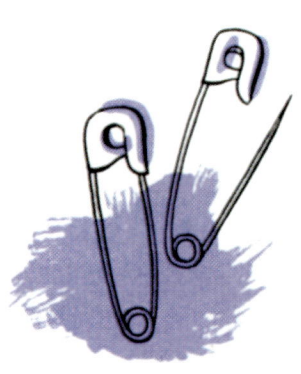

safety pin   **prìne banaltraim**
preen-uh ban-ul-trim

(to) sail   **seòl**
shawl

sailor   **seòladair**
shawl-ah-ter

salt   **salann**
sal-an

scarf   **stoc**
stock

school   **sgoil**
skull

Ss

scissors   **siosar**
shiss-ur

screwdriver   **sgriubhaire**
sgroo-er-eh

seagull   **faoileag**
fooil-ak

seesaw   **làir-mhaide**
laar vaj-eh

seven   **seachd**
shackhk

(to) sew   **fuaigh**
foo-ahee

Ss

shark   **cearban**
kehr-eh-pun

sheep   **caora**
k<u>oo</u>-ruh

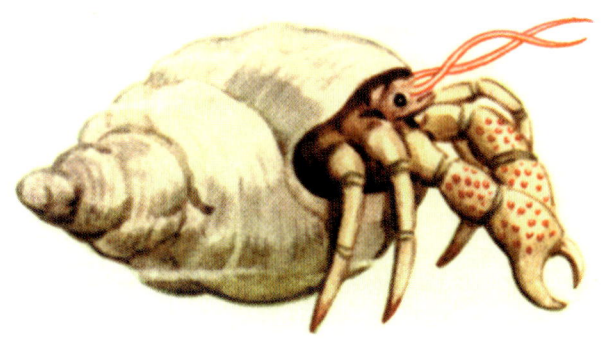

shell   **slige**
shlick-uh

shepherd   **cìobair**
kee-per

ship   **long**
long

shirt   **lèine**
l*ay-nuh

Ss

shoe   **bròg**
brawk

shovel   **sluasaid**
sloo-ah-setch

(to) show   **seall**
shall

shower   **fras-ionnlaid**
frass yoon-letch

shutter   **còmhla-uinneig**
kaw-luh oon-yek

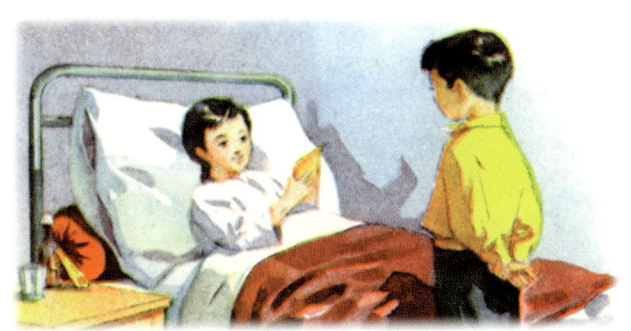

sick   **tinn**
cheen

sieve   **criathar**
kree-ah-her

(to) sing   **seinn**
shayn

(to) sit   **suidh**
sooee

six   **sia**
shee-uh

sled   **slaod**
sl<u>oo</u>t

(to) sleep   **caidil**
katch-il

Ss

small **beag**
beck

smile **snodha-gàire**
snoh-uh gaar-eh

snail **seilcheag**
shay-leh-khack

snake **nathair**
nah-her

snow **sneachd**
shnakhk

sock **stocainn**
stock-ing

Ss

sofa **langasaid**
lank-ah-setch

sparrow **gealbhonn**
gyal-ah-von

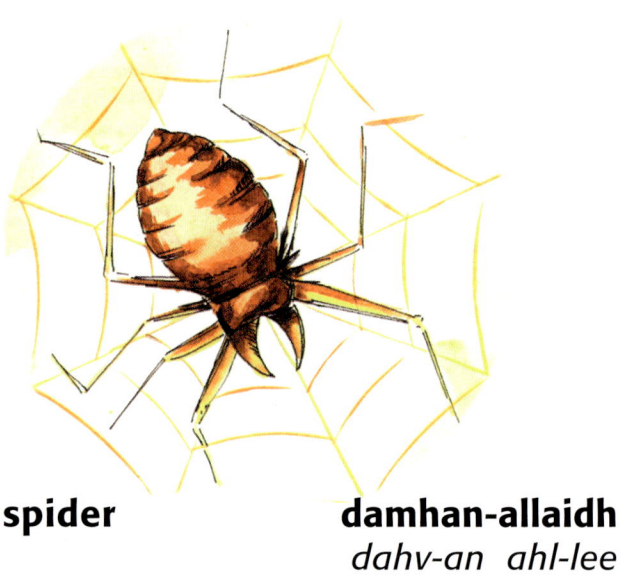

spider **damhan-allaidh**
dahv-an ahl-lee

spiderweb **eige**
eh-kuh

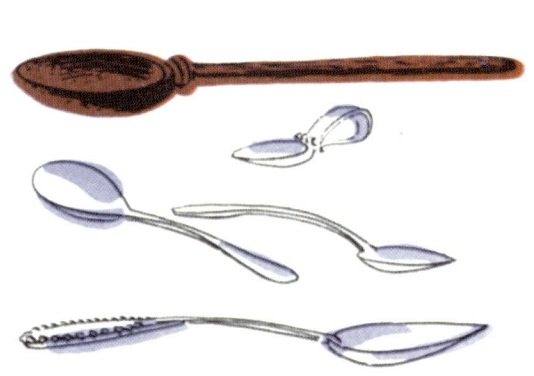

spoon **spàin**
spaahn

squirrel **feòrag**
fyor-ack

Ss

stairs   **staidhre**
stahee-ruh

stamp   **stampa**
stamp-uh

starfish   **crosgag**
kross-gack

stork   **corra-bhàn**
kohr-uh vaahn

stove   **stòbha**
stohv-uh

strawberry   **subh-làir**
soo-laar

Ss

subway **fo-shlighe**
foh hlee-uh

sugar cube **ciùb-shiùcar** **sun** **grian**
kyoob hyoo-ker *gree-an*

sunflower **neòinean-grèine** **sweater** **geansaidh**
nyoh-nen grayn-yuh *gen-see*

(to) sweep **sguab** **swing** **dreallag**
skoo-up *drell-ack*

Tt

table   **bòrd**
bohrt

teapot   **poit-tì**
potch tee

teddy bear   **teadaidh**
ted-ee

television   **telebhisean**
tel-eh-vish-an

ten   **deich**
jaykh

tent   **pàilliun**
paahee-lin

Tt

theater   **taigh-cluiche**
tahee-klooeekh-eh

thimble   **meuran**
mee-ur-an

(to) think   **smaoinich**
sm<u>oo</u>in -yeekh

three   **trì**
tree

tie   **taidh**
tahee

(to) tie   **ceangail**
kay-yel

78

Tt

tiger	**tìgear** *chee-kar*	**toaster**	**tostair** *tohst-er*
tomato	**tomato** *toh-mah-toh*	**toucan**	**tùcan** *too-can*
towel	**tubhailte** *too-il-chuh*	**tower**	**tùr** *toor*

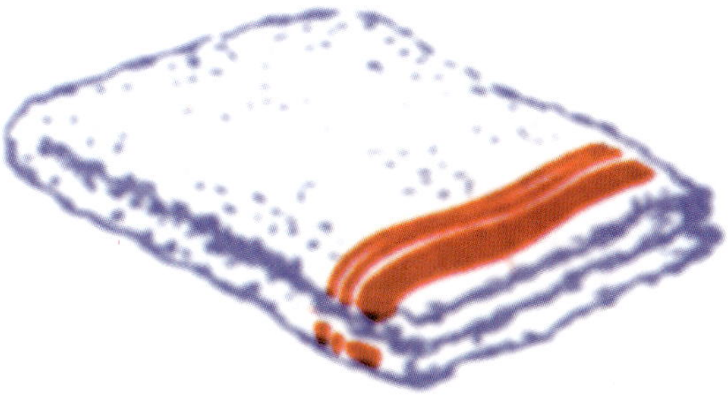

79

Tt

toy box **bocsa nan dèideagan**
bock-sah nun jay-jack-an

tracks **rèilichean**
ray-leekh-en

train station **stèisean-trèana**
stay-shun tray-nuh

tray **sgàl**
skaal

tree **craobh**
kroov

trough **amar**
am-ur

Tt

truck — **làraidh** *laahr-ee*

trumpet — **trombaid** *trum-petch*

tulip — **tuiliop** *too-lip*

tunnel — **tunail** *tonn-el*

turtle — **sligeanach** *shlick-en-ahkh*

twins — **leth-càraid** *lay kaar-etch*

two — **dà** *daah*

Uu

umbrella   **sgàilean-uisge**   **uphill**   **ri bruthach**
skaal-en oosh-keh   *ree broo-ahkh*

Vv

vase   **soir**   **veil**   **sgàil**
         sor   *skaal*

village   **baile**
bal-leh

violet   **bròg na cuthaig**
brawk nuh koo-ek

violin   **fidheall**
fee-ul

voyage   **turus-mara**
tur-us mar-uh

Ww

waiter   **gille-frithealaidh**
geel-yeh free-al-ee

(to) wake up   **dùisg**
dooshk

walrus   **each-mara**
ehkh mar-uh

(to) wash   **nigh**
nee

watch   **uaireadair**
oo-ur-uh-ter

(to) watch   **coimhead**
koy-ut

Ww

(to) water   **uisgich**
oosh-geekh

waterfall   **eas**
ess

watering can   **peile-frasaidh**
pay-leh frass-ee

watermelon   **meal-bhuc**
mel-vook

weather vane   **coileach-gaoithe**
kol-yahkh g<u>oo</u>ee-yeh

(to) weigh   **meidhich**
may-eekh

Ww

whale   **muc-mhara**
mook var-uh

wheel   **roth**
roh

wheelbarrow   **bara-roth**
bar-ah roh

whiskers   **feusag**
fee-uh-sack

(to) whisper   **cagair**
kahk-er

whistle   **feadag**
feh-tack

86

white   **geal**
gyal

wig   **gruag**
groo-ack

wind   **gaoth**
g<u>oo</u>

window   **uinneag**
oon-yak

wings   **sgiathan**
skee-ah-han

winter   **geamhradh**
gyow-rugh

Ww

wolf — **madadh allaidh**
mah-tugh ah-lee

wood — **fiodh**
fyugh

word — **facal**
fahk-ul

(to) write — **sgriobh**
skreev

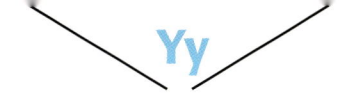

yellow **buidhe**
boo-yeh

zebra **asal stiallach**
as-ul stee-al-ahkh

Index

biadh meadhon-latha lunch
bìobhair beaver
blàth blossom
bò cow
bobhla bowl
bocanach antelope
bocsa nan dèideagan toy box
bogha-frois rainbow
bolgan soluis lightbulb
bonaid cap
bòrd table
bòrd sgrìobhaidh desk
bòrd-sanais bulletin board
botal bottle
bracaist breakfast
bratach flag
bràthair brother
brat-ùrlair carpet
brèid patch
briosgaid cracker
broc badger
bròg shoe; boot
bròg na cuthaig violet
bruich (to) cook
bruis brush
buannachd harvest
bucaid bucket
buidhe yellow
buidsidh lovebird
buntàta potato

A

achadh field
ad hat
adhaircean horns
aghaidh face
aibhinn river
aibidil alphabet
ailbhean elephant
àireamh number
airgead money
àirneis furniture
amadan clown
amag hammock
amar trough
anann pineapple
aodach-oidhche pajamas
aon one
aran bread
àrc cork
asal donkey
asal stiallach zebra
athair father

B

baile village
balach boy
balgan-buachair mushroom
ball ball
balùn balloon
banana banana
bànrigh queen
baraille barrel
bara-roth wheelbarrow
bascaid basket
bàta boat
beag small
beannachd leibh "Good-bye"
beàrnan brìde dandelion
being bench
beinn mountain
beul mouth
biadh (to) feed

C

cabair antlers
cactas cactus
cafaidh café
cagair (to) whisper
caidil (to) sleep
caileag girl
cailleach oidhche owl
caiptean captain
cairt card
càise cheese
caisteal castle
càl cabbage
calman pigeon
camara camera
càmhal camel

cangaru kangaroo
caora sheep
càr car
caraid friend
carbad coach
cas foot; leg
cat cat
cathair chair
cead-siubhail passport
ceangail (to) tie
ceann-èideadh headdress
ceann-fionn penguin
ceann-latha date
cearban shark
cearc hen
cèic cake
cèis envelope; frame
ceithir four
ceòl music
cìobair shepherd
cìr comb
ciùb-shiùcar sugar cube
clach pit
clach-iùil magnet
clag bell
cluasag pillow
cluich (to) play
cnàmh bone
cnapan-eighe ice cubes
cnèadaich (to) hug
cnò nut
cnò-bhainne coconut
coig five
coileach rooster
coileach-gaoithe weather vane
coillear lumberjack
coimhead (to) watch
coineanach rabbit
coinneal candle
combaist compass
còmhla-uinneig shutter
corra-bhàn stork
corrag finger
còta coat

Index

còta-frois raincoat
craobh tree
craobh Nollaig Christmas tree
craobh-phailm palm tree
creathail cradle
criathar sieve
cridhe heart
crios belt
crios-muineil necklace
crogall alligator
crosgag starfish
crudha horseshoe
cruinne globe
cruithneachd Innseanach corn
crùn crown
cù dog
cuibhrig comforter
cuilean puppy
cùirtear curtain
cularan cucumber
curach Innseanach canoe
curran carrot

D

dà two
damh ox
damhan-allaidh spider
danns (to) dance
daoine people
daolag beetle
daolag dhearg bhreac ladybug
dealan-dè butterfly
dearg red
deich ten
dèideag pebble
dìthean flower
dòirt (to) pour
donn brown
dòrn fist
dràgon dragon
draoidh magician
dreallag swing
drocaid bridge

druma drum
dubh black
duilleag leaf
duilleag-mhalpais maple leaf
dùisg (to) wake up

E

each horse
each-mara walrus
eagal fear
eas waterfall
Easciomach Eskimo
eige spiderweb
eilean island
èisd (to) listen
eòrna barley
eun bird
eun-lann birdcage

F

facal word
fàinne ring
falaich (to) hide
falamh empty
faoileag seagull
fàradh ladder
fàsach desert
feadag whistle
feansa fence
fear a' bhainne milkman
feòrag squirrel
feur hay
feusag whiskers
fiadh deer
fidheall violin
figh (to) sew
fiodh wood
fìon-dearcan grapes
fionnan-feòir grasshopper
foghar autumn
forca fork
fosgailte open
fo-shlighe subway

fras-ionnlaid shower
freumh root
froga dress
fuaigh (to) knit
fuaradair refrigerator
fuaran fountain
fuineadair baker

G

gàireachdaich laughter
gaoth wind
gaotharan fan
gèadh goose
geal white
gealach moon
gealbhonn sparrow
geamhradh winter
geansaidh sweater
geata gate
geug branch
gille-frithealaidh waiter
giomach lobster
giotàr guitar
giùlan (to) carry
giuthas pine; fir tree
glas lock
glas-chrochaidh padlock
gloine glass
gloineachan-amhairc binoculars
gloine-ghainmhich hourglass
gobhar goat
gorm blue
gràineag hedgehog
grian sun
gruag wig
guil (to) cry

H

haidreant hydrant
hamstair hamster

Index

luch-fheòir field mouse
luibh-uigh eggplant
lus na tuise lavender

M
madadh allaidh wolf
mapa map
marcaiche jockey
margadh marketplace
masg mask
màthair mother
mathan bear
mathan bàn polar bear
mathan còala koala bear
meacan-ruadh radish
meal-bhuc watermelon
meas fruit
meidhich (to) weigh
meuran thimble
mil honey
miotag mitten
mìrean-measgaichte jigsaw puzzle
mì-sgiobalta messy
muc pig
muc-mhara whale
mullach roof
muncaidh monkey

N
naoidh nine
nathair snake
nead nest
neapaigear handkerchief
neòinean-grèine sunflower
nigh (to) wash

O
ochd eight
Oidhche Mhath "Good Night"
òl (to) drink
oraindsear orange
òrd hammer
òr-iasg goldfish

I
ialtag bat
iarann iron
iasg fish
iasgaich (to) fish
imlich (to) lap
inneal engine
inneal ciùil instrument
iolaire eagle
iomair (to) row
iris magazine
ite feather
itealaich (to) fly
ith (to) eat
iuchair key

L
lach duck
làir-mhaide seesaw
làmh hand
làmhainn glove
làmh-cleasaiche juggler
làmpa lamp
langasaid sofa
làraidh truck
leabaidh bed
leabhar book
leabhar-sgrìobhaidh notebook
leanabh baby
lèine shirt
leiteas lettuce
leòghann lion
leth-càraid twins
leugh (to) read
leum (to) jump
leumadair-mara dolphin
leus flashlight
liath-chòrcra lilac
liomaid lemon
lioncs lynx
lios garden
liùdhag doll
lomaire-feòir lawn mower
long ship
long-fhairge ocean liner
losgann frog
lùch mouse

P
paidh pie
pàilliun tent
pàipear paper
pàipear-naidheachd newspaper
pàirce park
paraisiut parachute
peansail pencil
peanta paint
peantair painter
pearraid parrot
peileagan pelican
peile-frasaidh watering can
peitseag peach
peur pear
piàna piano
picil pickle
pigidh pitcher
pioc (to) peck
piseag kitten
platapus platypus
pleuna airplane
plocain blocks
plumais plum
poca-droma backpack
poca-làimhe handbag
poit pot
poit-tì teapot
pònaidh pony
prìne pin
prìne banaltraim safety pin
puimcean pumpkin

Index

R

racaid racket
rach tarsainn (to) cross
racùn raccoon
raineach fern
ràmh oar
rannsaich (to) explore
ràth raft
rathad road
rathad mòr highway
rèidio radio
rèilichean tracks
reòiteag ice cream
ri bruthach uphill
ridire knight
righeal-cùil geranium
rocaid rocket
ròpa rope
ròs rose
roth wheel
rothair bicycle
rùisg (to) peel
rùisgte naked
ruith run

S

saighead arrow
salach dirty
salann salt
seacaid jacket
seachd seven
seall show
sean old
seanair grandfather
seanmhair grandmother
seilcheag snail
seileasdair iris
seillean bee
seillean mòr bumblebee
seinn (to) sing
seirm (to) ring
seòl (to) sail
seòladair sailor
sgàil veil
sgàilean-uisge umbrella
sgàl tray
sgàthan mirror

sgian knife
sgiathan wings
sgoil school
sgòth cloud
sgrìobh (to) write
sgriubhaire screwdriver
sguab (to) sweep
sguab broom
sia six
silidh jam
similear chimney
sionnach fox
sioraf giraffe
siosar scissors
siris cheery
slaod sled
slat-thomhais ruler
slige shell
sligeanach turtle
slighe path
sluasaid shovel
smaoinich (to) think
snàig (to) crawl
snaim knot
snàmh (to) float
snàthad needle
sneachd snow
snodha-gàire smile
soir vase
soirceas circus
spàin spoon
spèileadaireachd ice-skating
speuclairean glasses
spideag nightingale

sròn-adharcach rhinoceros
staidhre stairs
stampa stamp
stèisean-trèana train station
stòbha stove
stoc scarf
stocainn sock
streap (to) climb
streapadan escalator
struth ostrich
stuagh arch
sùbhag-craoibh raspberry
subh-làir strawberry
suidh (to) sit
sùil eye
suiteas candy

T

tagsaidh cab
taidh tie
taigh house
taigh soluis lighthouse
taigh-cluiche theater
taigh-coin doghouse
taigh-doile dollhouse
taigh-gloine greenhouse
tarbh-nathrach dragonfly
tarraing (to) draw; (to) pull
teadaidh teddy bear
teine fire
telebhisean television
teòclaid chocolate
thoir (to) give
tìgear tiger
tinn sick
tiodhlac present
tionail (to) gather
tomato tomato
tostair toaster
tràigh beach
trealaichean luggage
trì three
trombaid trumpet

Index

truinnsear plate
tubhailte towel
tùcan toucan
tuiliop tulip
tunail tunnel
tùr tower
turus-mara voyage

U

uaine green
uaireadair watch
uamh cave
uan lamb
ubhal apple
ugh egg
uilleann elbow
uinneag window
uinnean onion
uisge rain
uisgeadan aquarium
uisgich (to) water
usgar bracelet

THE HIPPOCRENE LIBRARY OF WORLD FOLKLORE...

Folk Tales from Bohemia
Adolf Wenig
This folk tale collection is one of a kind, focusing uniquely on humankind's struggle with evil in the world. Delicately ornate red and black text and illustrations set the mood.
Ages 9 and up
90 pages • red and black illustrations • 5 1/2 x 8 1/4 • 0-7818-0718-2 • W • $14.95hc • (786)

Czech, Moravian and Slovak Fairy Tales
Parker Fillmore
Fifteen different classic, regional folk tales and 23 charming illustrations whisk the reader to places of romance, deception, royalty, and magic.
Ages 12 and up
243 pages • 23 b/w illustrations • 5 1/2 x 8 1/4 • 0-7818-0714-X • W • $14.95 hc • (792)

Glass Mountain: Twenty-Eight Ancient Polish Folk Tales and Fables
W.S. Kuniczak
Illustrated by Pat Bargielski
As a child in a far-away misty corner of Volhynia, W.S. Kuniczak was carried away to an extraordinary world of magic and illusion by the folk tales of his Polish nurse.
171 pages • 6 x 9 • 8 illustrations • 0-7818-0552-X • W • $16.95hc • (645)

Old Polish Legends
Retold by F.C. Anstruther
Wood engravings by J. Sekalski
This fine collection of eleven fairy tales, with an introduction by Zymunt Nowakowski, was first published in Scotland during World War II.
66 pages • 7 1/4 x 9 • 11 woodcut engravings • 0-7818-0521-X • W • $11.95hc • (653)

Folk Tales from Russia
by Donald A. Mackenzie
With nearly 200 pages and 8 full-page black-and-white illustrations, the reader will be charmed by these legendary folk tales that symbolically weave magical fantasy with the historic events of Russia's past.
Ages 12 and up
192 pages • 8 b/w illustrations • 5 1/2 x 8 1/4 • 0-7818-0696-8 • W • $12.50hc • (788)

Fairy Gold: A Book of Classic English Fairy Tales
Chosen by Ernest Rhys
Illustrated by Herbert Cole
Forty-nine imaginative black and white illustrations accompany thirty classic tales, including such beloved stories as "Jack and the Bean Stalk" and "The Three Bears."
Ages 12 and up
236 pages • 5 1/2 x 8 1/4 • 49 b/w illustrations • 0-7818-0700-X • W • $14.95hc • (790)

Tales of Languedoc: From the South of France
Samuel Jacques Brun
For readers of all ages, here is a masterful collection of folk tales from the south of France.
Ages 12 and up
248 pages • 33 b/w sketches • 5 1/2 x 8 1/4 • 0-7818-0715-8 • W • $14.95hc • (793)

Twenty Scottish Tales and Legends
Edited by Cyril Swinson
Illustrated by Allan Stewart
Twenty enchanting stories take the reader to an extraordinary world of magic harps, angry giants, mysterious spells and gallant Knights.
Ages 9 and up
215 pages • 5 1/2 x 8 1/4 • 8 b/w illustrations • 0-7818-0701-8 • W • $14.95 hc • (789)

Swedish Fairy Tales
Translated by H. L. Braekstad
A unique blending of enchantment, adventure, comedy, and romance make this collection of Swedish fairy tales a must-have for any library.
Ages 9 and up
190 pages • 21 b/w illustrations • 51/2 x 81/4 • 0-7818-0717-4 • W • $12.50hc • (787)

The Little Mermaid and Other Tales
Hans Christian Andersen
Here is a near replica of the first American edition of 27 classic fairy tales from the masterful Hans Christian Andersen.
Ages 9 and up
508 pages • b/w illustrations • 6 x 9 • 0-7818-0720-4 • W • $19.95hc • (791)

Pakistani Folk Tales: Toontoony Pie and Other Stories
Ashraf Siddiqui and Marilyn Lerch
Illustrated by Jan Fairservis
In these 22 folk tales are found not only the familiar figures of folklore—kings and beautiful princesses—but the magic of the Far East, cunning jackals, and wise holy men.
Ages 7 and up
158 pages • 6 1/2 x 8 1/2 • 38 illustrations • 0-7818-0703-4 • W • $12.50hc • (784)

Folk Tales from Chile
Brenda Hughes
This selection of 15 tales gives a taste of the variety of Chile's rich folklore. Fifteen charming illustrations accompany the text.
Ages 7 and up
121 pages • 5 1/2 x 8 1/4 • 15 illustrations • 0-7818-0712-3 • W • $12.50hc • (785)

All prices subject to change. **To purchase Hippocrene Books** contact your local bookstore, call (718) 454-2366, or write to: HIPPOCRENE BOOKS, 171 Madison Avenue, New York, NY 10016. Please enclose check or money order, adding $5.00 shipping (UPS) for the first book and $.50 for each additional book.